THÉOPHILE GAUTHIER

PARIS. — Typ. LACOUR, rue Soufflot, 18.

GAUTIER

LES CONTEMPORAINS

THÉOPHILE GAUTIER

PAR

EUGÈNE DE MIRECOURT

PARIS
GUSTAVE HAVARD ÉDITEUR
15, RUE GUÉNÉGAUD, 15
1857
L'Auteur et l'Éditeur se réservent le droit de reproduction

A MONSIEUR JULES JANIN.

Illustre prince des critiques,

Dans votre feuilleton des *Débats* du 25 décembre dernier, nous trouvons un magnifique et curieux passage, que nous avons hâte de signaler aux amateurs de saine littérature.

Par un à-propos charmant, les lignes dont nous parlons sont écrites à l'occasion de la mort de cette jeune et belle comédienne que le Théâtre-Français vient de perdre. Vous avez méconnu le talent de mademoiselle Rimblot pendant sa vie, rien de plus naturel que vous semiez des fleurs sur sa tombe.

« Heureux artistes, dites-vous, ces comédiens que le poëte protége de son vers, le peintre de sa couleur, *l'honnête biographe* de son éloquence, la ville entière de son intérêt! Heureux artistes entourés de sympathie et de louanges! Leur moindre parole est prise au passage, leurs traits sont reproduits sur la pierre, sur le bois, sur l'acier, par le burin, par le soleil! Malades, on raconte à tout ve-

nant leur maladie, et quand enfin il faut
mourir, que de regrets! quelle ovation!
que de douleurs!

« Pendant ce temps, il y en a d'autres
parmi les dévoués de la parole écrite ou
parlée, qui deviennent la proie et le
butin de quelque *misérable pamphlétaire*, attaché à leur vie. A ceux-là, ni
trêve, ni repos, ni merci! Le misérable
qui, sous prétexte de biographie, les at-
tend au *coin de la forêt de Bondy*, un
poignard à la main, les frappe dans
l'ombre, et puis, quand il voit leur flanc
qui saigne, il s'enfuit, emportant ce *couteau sanglant* qui va lui servir pendant

quelques jours à *couper le morceau de pain* que lui rapporte un si grand exploit. Au bout de huit jours, et son couteau essuyé, le même brigand, sous le même prétexte, s'en va attendre, au même carrefour, une autre victime; il la frappera du même couteau, et il rentrera du même pas triomphant dans sa *tanière*, dans sa *caverne*, jusqu'au jour où quelque victime en belle humeur de vengeance et de châtiment aura tué la bête d'un coup de pied *à l'endroit où le dos change de nom*, disait maître Alcide Tousez. »

Voilà, monsieur le feuilletoniste, un joli morceau d'éloquence de cour d'as-

sises ! En vérité, si la péroraison ne
l'égayait pas un peu, ce serait à glacer
chacun d'épouvante.

Mais, ô grand procureur impérial du
théâtre ! votre citation, empruntée à Alcide Tousez, manque de justesse. L'homme qui vous attaque hardiment, bien
en face, biographe ou bandit, puisqu'il
vous plaît de réunir ces deux professions en une seule, ne peut être frappé
qu'en face.

Vous rêvez, Janin, ou la colère vous
égare.

Le coup de pied (vous le savez mieux
que personne !) ne s'administre où vous

dites qu'aux arlequins et aux pierrots.

Ainsi donc, vous avez à vous plaindre d'un biographe, d'un brigand, d'un misérable qui est allé vous attendre au coin d'un bois, le poignard à la main, qui vous a percé le flanc dans l'ombre, et qui est rentré dans sa tanière, pour étendre votre sang sur un morceau de pain?

Fi!... du sang de critique! quel abominable déjeuner!

Voyez comme le ciel est juste : ce lâche biographe ne pouvait être plus cruellement puni de sa vilaine action.

Mais quel est-il, cet affreux coupe-jarret, ce scélérat, ce monstre exécrable? Il faut dire son nom, Janin; car nous sommes biographe aussi, et bien que votre opinion doive paraître respectable, nous ne croyons pas que, dans le dictionnaire des synonymes, il faille accoler ce mot de *biographe*, pas plus que celui d'*historien*, aux mots de *pamphlétaire* et de *bandit*.

Soyons catégorique, expliquons-nous.

Évidemment on n'a jamais eu l'idée ridicule et sotte de prendre au pied de la lettre le verbiage étourdi de vos feuilletons ni les épithètes insolentes ou grossières dont vous faites choix pour apostropher les gens.

C'est ici l'histoire de la halle et des poissardes.

Leurs insultes ne sont pas des insultes; on ne s'offense pas de leurs coups de langue.

Mais comme en adoptant l'idiome de ces dames pour écrire dans les *Débats*, cela donne un peu plus d'importance à votre style, encore une fois expliquons-nous.

Là, franchement, sans détour, est-ce que vous auriez voulu nous désigner?

Soyez sans crainte, nous n'avons en

aucune sorte le projet de vous appeler
en duel. Vous n'êtes pas un homme,
vous êtes une pie, quelque chose qui
jacasse, caquette et s'envole.

On ne se bat pas avec un oiseau.

Si réellement cet article s'adressait à
nous, Janin, à nous qui avons écrit
votre histoire en toute conscience et en
toute vérité, à nous qui tenons une
plume *honnête*, qui rendons à chacun
selon ses œuvres, qui avons la préten-
tion de ne jamais nous écarter du devoir, de la justice et de l'honneur; si,
disons-nous, vous aviez pu, dans un
accès de rancune ou de folie, nous trai-

ier de *brigand* et de *misérable;* si vous nous accusiez de jouer du couteau et de faire des tartines avec du sang, parbleu! nous nous bornerions à rire, après vous avoir tiré l'oreille, comme à un gros écolier qui ne se doute ni de la portée d'une phrase ni de la valeur d'un mot.

Mais non, Janin, non, ce n'est pas nous que vous attaquez, c'est un autre.

Vous savez parfaitement que nous vous avons ménagé.

Que de piquants détails nous aurions pu donner à nos lecteurs! Tenez, voici là, sur notre bureau, vingt lettres qui nous reprochent d'avoir omis une multitude de faits indispensables à votre histoire.

Dépouillons ensemble cette correspondance.

L'un nous dit :

« Comme preuve des variations effroutées et des sauts de carpe de l'homme, vous auriez dû citer l'article du *Dictionnaire de la conversation et de la lecture*, publié en 1836. Janin y procède à *l'éreintement* complet de Victor Hugo, pour les œuvres duquel il témoigne aujourd'hui des admirations si frénétiques. Un biographe, monsieur, doit toujours déposer les pièces de conviction devant le tribunal du public. »

Une autre ajoute :

« Si vous étiez venu me consulter, je vous

aurais fait part de deux anecdotes au sujet de la gourmandise de ce bon M. Janin.

« La première est celle-ci :

« Prié par M. de Metternich de lui donner un autographe, l'auteur de *l'Ane mort* écrivit sur une feuille de vélin : « *Bon pour « cent bouteilles de Johannisberg, à déposer « dans ma cave.* » Et les cent bouteilles furent expédiées par le prince.

« La seconde anecdote est plus connue.

« On parlait à mademoiselle Mars d'un feuilleton de Jules, où elle était drapée de belle sorte.

« — Vous avez trouvé, dit-elle, mon critique un peu amer, lundi; j'avais oublié de le sucrer dimanche. »

Eh bien! parole d'honneur, Janin, nous connaissions tout cela! mais nous avions à cœur, méchant que vous êtes, de ne pas trop vous humilier.

Faites-nous le plaisir de jeter un coup d'œil sur cette troisième lettre :

« Pourquoi, s'écrie-t-on, n'avez-vous pas dit un mot du perroquet de Janin, ce magnifique ara, dont la queue est si longue et qui importune de ses cris tout le voisinage? C'est le pendant de son maître dans la presse. Ne pouviez-vous parler aussi de la passion du critique pour les vieux livres où il puise sa science, et pour les exemplaires de ses propres œuvres, qu'il fait tirer tout exprès sur papier de Hollande? Quand il veut que M. Huet, son beau-père, enrage, il le conduit aux ventes de la salle Sylvestre, et pousse le premier bouquin venu à des prix fabuleux. L'ancien avoué rugit. Il déclare qu'il fera mettre son gendre à Bicêtre. Vous avez également oublié de dire que mademoiselle G*** payait un individu, qui suivait partout le critique et dressait un rapport de ses faits et gestes. Janin prit un jour l'espion au collet, le contraignit à des aveux, et sut qu'il recevait trois francs par jour pour cette jolie besogne. « — Eh! bien, dit-il, je t'en donnerai six et je ferai les rapports! » La chose fut convenue. Janin s'attribua des exploits éroti-

ques si extravagants que mademoiselle G***
s'écria : « — C'est donc un Hercule! Je ne
m'en serais jamais douté! »

Or, seigneur critique, cette lettre
émane d'un de vos amis intimes. O les
amis! ils sont plus à craindre que les
biographes.

Assez! allez-vous nous dire, brûlez
toutes ces épîtres sournoises.

Non pas, Janin, permettez; il est im-
portant que nous arrivions à une justi-
fication complète. Jetons au panier les
moins curieuses; mais en voici une qu'il
est bon de reproduire d'un bout à l'autre.

Écoutez!

« Monsieur,

« Votre biographie de Janin m'afflige. Comment, pas un mot de Ricourt, d'Achille Ricourt? Serait-il Dieu possible que vous n'ayez pas ouï parler de ce curieux personnage? L'aplomb et les âneries de Janin, connu! Ses défections, connu! L'astre, on le sait par cœur; mais le satellite! mais Ricourt! mais cet incomparable bohême artistique et littéraire, à qui il n'a manqué que d'être riche pour être vraiment superbe; voilà ce qu'il fallait décrire!

« Ignorez-vous que c'est lui, lui Ricourt, qui a *fait* Janin? lui qui a *fait* Rachel? lui qui a *inventé* Ponsard et tant d'autres?

« Hélas! que de comptes-rendus de pièces Janin a faits sans les voir, sur le rapport de Ricourt.

« Si une idée généreuse a pu être jetée quelque part sous le nom de Janin, c'est à coup sûr à Ricourt qu'en revient l'honneur.

« Pendant dix ans et plus, Ricourt a été le prôneur et le souteneur de Janin. C'est là du courage, ou je ne m'y connais pas. Mais, depuis que Janin saupoudre sa prose de latin, Ricourt trouve qu'il n'est plus *au poste* (expression de Ricourt) et qu'il a *b*.........*baissé* (idem).

« — Où en veut-il venir avec cela? dit Ricourt. Espère-t-il remporter le prix d'éloquence latine? Qu'il le dise. Il lui faudrait peut-être une chaire à lui? Patraque, va! »

« Pauvre Ricourt!

« Dire que cet homme jettera au vent plus d'esprit et d'idées, en un jour, que Janin n'en dépensera pendant toute une année! Il a réchauffé à son soleil plus de talents que Janin n'en a nié ou *éreinté*, certainement! Aussi je m'étonne qu'au lieu de biographier Janin, vous n'ayez pas biographié Ricourt.

« Agréez, etc. »

Suit une signature qui vous ferait bondir, ô critique, si nous n'avions pas soin de la dérober à vos yeux.

Ainsi donc nous vous conseillons de rester bouche close à l'avenir.

Le métier de biographe est le plus digne, le plus honorable de tous, quand on attaque vaillamment et sans peur l'immoralité vivante ; quand on n'est sous l'empire d'aucun caprice, d'aucune jalousie, d'aucune passion.

Mais quand on l'exerce comme l'auteur de *Barnave* ; quand on traîne les d'Orléans aux gémonies, pour revenir ensuite lécher de sa lèvre de courtisan la boue dont on les a couverts; quand on écrit l'histoire contemporaine comme vous avez écrit celle de Casimir Delavi-

gne, de Balzac, de cent autres, on se
voile la face, monsieur, pour cacher sa
honte.

Chapeau bas! et laissez passer le biographe honnête!

Ne parlez ni de *couteau*, ni de *sang*,
ni de *misérable* qui vous égorge. C'est
vous qui jouez tous les lundis du couteau; c'est vous qui attendez les auteurs *au coin de la forêt de Bondy* de
votre feuilleton. Vous lardez, vous déchiquetez, vous mettez en pièces leur
renommée, leur talent, leur mérite.
Depuis trente ans vous étendez sur votre

pain leur gloire en lambeaux et leur orgueil qui saigne.

L'ombre de Balzac est là qui te regarde : à genoux, Zoïle, courbe le front dans ton néant!

EUGÈNE DE MIRECOURT.

THÉOPHILE GAUTIER

Tarbes, la vieille cité, contemporaine des druides, a donné naissance au conventionnel Barrère, au célèbre chanteur Laïs et à Théophile Gautier, dit le Chevelu.

Cette dénomination mérovingienne lui restera, si, comme la chose est probable, son nom figure dans les siècles à venir parmi les écrivains célèbres de notre époque.

Poëte et prosateur, il s'est fait une assez belle place, n'en déplaise à certains esprits jaloux, toujours prêts à répéter avec une méchanceté notoire que l'auteur d'*Albertus* et de *Fortunio* a plus de cheveux que de talent.

Les rares biographies qui se sont occupés de lui jusqu'alors le font naître en 1814.

Nous savons de bonne source qu'il n'en est rien.

Théophile Gautier, complice évident de l'erreur commise, nous permettra de ne tenir aucun compte de ses coquetteries d'acte de naissance.

Il est né le 31 août 1808.

Ces dames en seront scandalisées peut-être et lui feront la moue pour avoir abusé de leur crédulité naïve; mais il faut, ici-bas, que tout se découvre. Notre devoir d'historien fidèle nous impose des lois [1]. Si quelques personnes ont une illusion de moins, Gautier n'en aura, certes, pas de plus un seul cheveu blanc. Donc, il aurait tort de nous en vouloir parce que nous pénétrons le mystère de ses quarante-six ans révolus.

[1] En 1829, Gautier était le champion le plus redoutable dans les luttes à coups de poing d'*Hernani*. Lorsqu'on veut se rajeunir il faut le faire avec quelque vraisemblance. Ce n'est pas un collégien de seize ans qui eût assommé les classiques. A dix-sept ans on n'écrit pas *Albertus*, à dix-huit ans *les Jeune France* et à vingt ans *Mademoiselle de Maupin*.

Ses premières études se firent au collége de Tarbes.

Vers 1822, sa famille l'envoya à Paris achever ses humanités à Charlemagne, où il se lia bientôt avec Gérard de Nerval, qui, depuis, a été son plus actif collaborateur.

Gautier obtenait régulièrement la dernière place en thème.

Il le dit très-haut à qui veut l'entendre, et s'en honore.

Externe libre, il travaillait peu. Le grec et le latin lui semblaient des superfluités dans l'éducation moderne. Au lieu de faire les devoirs donnés par ses professeurs, il étudiait nos vieux écrivains, remontant aux sources de la langue; et se moquant de toutes les grammaires possibles.

C'était un gros garçon, très-robuste, très-sensuel.

Une santé par trop florissante l'a toujours poussé vers le réalisme et la matière.

Comme beaucoup d'autres, il a profité d'une époque de licence pour souffleter la morale. Jamais, ni aux yeux de notre siècle, ni aux yeux de l'avenir, il ne pourra se faire pardonner *Mademoiselle de Maupin*.

Gautier n'est devenu poëte que par accident.

Tous ses instincts le portaient d'abord à être peintre. Peu soucieux des classes de Charlemagne, il allait étudier l'art plastique dans les musées, passant des heures entières à contempler certains tableaux, à se pâmer d'admiration devant certaines statues.

Il finit par entrer comme élève dans l'atelier de Rioult[1].

Déjà s'annonçait, à cette époque, la révolution littéraire et artistique. Les idées de révolte contre les règles établies germaient dans toutes les têtes; on voulait briser les vieilles idoles et les réduire en poudre. Victor Hugo en poésie, Eugène Delacroix en peinture s'entouraient d'une foule de partisans intrépides, décidés à toutes les luttes, à tous

[1] Cette phase de son existence lui a dicté *le Rapin*, l'un des plus charmants articles du recueil des *Français peints par eux-mêmes*.

les combats. Il n'y avait pas un cerveau de vingt ans qui ne fît un rêve de gloire. Chacun demandait à passer grand homme, et Gautier montra pour conquérir ce titre une ardeur extrême.

Seulement son pinceau trop novice encore ne pouvait l'aider dans cette conquête.

Le premier rhétoricien venu compose une tragédie ou un livre; mais l'exécution d'un tableau présente des difficultés plus sérieuses. Notre héros savait broyer les couleurs et les marier sur la palette; mais il ne les transportait pas encore assez adroitement sur la toile. Il avait en tête une foule de tableaux superbes; mais, en dépit de ses efforts, il n'enfantait que des croûtes.

— Décidément, se dit Gautier, la peinture est plus facile avec la plume qu'avec le pinceau.

Nourri de la lecture des poëtes du xvi⁰ siècle, que Joseph Delorme [1] et le bibliophile Jacob venaient de mettre à la mode par leurs articles rétrospectifs, il rima d'abord quelques strophes modestes, et les lut à ses amis.

Le succès qu'il obtint l'encouragea.

Ses tendances matérialistes le portant à se préoccuper surtout de la forme et du contour, il se mit à la recherche des mots qui lui semblaient le mieux faits pour peindre les objets extérieurs. Il étudia profondément le dictionnaire,

[1] Pseudonyme de M. de Sainte-Beuve.

emmagasina dans sa mémoire une foule d'expressions inusitées, de tours archaïques, fit la chasse aux vocables de toute espèce, et fabriqua pour son usage un glossaire opulent, au moyen duquel il put donner à son style l'originalité qu'il ambitionnait.

Une fois son arsenal bien fourni, Gautier se mit sérieusement à l'œuvre.

Au mois de juin 1828, il se présenta chez M. de Sainte-Beuve, et lui demanda permission de lui lire une pièce de vers intitulée *la Tête de mort*.

— Oh! oh! murmura le critique, un titre bien sombre! Enfin, n'importe; voyons cela.

Dès la troisième strophe, Sainte-Beuve arrêta Gautier.

— Quelles ont été vos lectures? demanda-t-il au poëte. Ce n'est pas en étudiant le rhythme de Lamartine que vous êtes parvenu à écrire de pareils vers. Vous avez dû lire Clément Marot, Saint-Gelais et Ronsard?

— Oui, répondit Gautier. Nous ajouterons, si vous le voulez bien, Baïf, Desportes, Passerat, Bertaut, Duperron et Malherbe.

— Toute la pléiade! dit Sainte-Beuve, A merveille, jeune homme! Vous êtes dans les saines traditions. Je m'explique pourquoi vous avez l'hémistiche si net, le tour si exact, la rime si châtiée et si scrupuleuse. Achevez, je vous prie!

Quand *la Tête de mort* fut lue, Sainte-

Beuve se leva de son fauteuil, embrassa
Théophile et s'écria :

— Bien, très-bien!... Courage!...
Voilà du moins de la poésie substan-
tielle. Je trouve un homme qui sculpte
dans le granit et non dans la fumée.
Demain, je vous présente chez Victor
Hugo.

Théophile ne se sentait plus de joie.

Dès ce jour, il devint l'un des plus
fervents disciples de l'école nouvelle,
entassa rimes sur rimes, et laissa pousser
sur son crâne cette forêt luxuriante de
cheveux noirs, magnifique symbole de
la puissance et du développement qu'il
espérait donner à son génie.

Le jour où fut publiée la préface de
Cromwell, il se déclara l'apôtre de

l'évangile littéraire promulgué par l'auteur des *Odes et Ballades*, et montra ses deux poings énormes aux classiques épouvantés.

A la première représentation d'*Hernani*, le bras de ce nouveau Samson fit cruellement repentir de leur irrévérence les Philistins du parterre. On eut peur un instant que le Théâtre-Français n'eût le sort du temple de Gaza, et que Théophile ne se mît entre deux colonnes pour écraser les mécréants qui se permettaient de siffler le maître.

Il s'abstint néanmoins de faire crouler la salle, se contentant d'aplatir une quarantaine de chapeaux sur les crânes, de démettre cinq ou six épaules et d'entorrer ses adversaires sous les banquettes¹.

Cette noble ardeur, hélas! ne fut pas de longue durée!

Théophile eut la mauvaise chance de publier son premier volume de poésie, le 27 juillet 1830. La fusillade seule obtint le retentissement prédit à ses vers; l'émeute lui vola sa gloire, et les exclamations élogieuses de ses amis se perdirent dans le tohu-bohu politique.

Gautier prétendit qu'ils n'avaient pas crié assez fort.

Occupé de *Notre-Dame de Paris* et de *Lucrèce Borgia*, le maître ne songeait que

---

[1] Dans son feuilleton de *la Presse* du 5 décembre dernier, Théophile nous révèle que les combattants, pour se reconnaître, avaient un billet rouge, timbré de cette devise symbolique : *Hierro*.

médiocrement à exalter ses disciples et à les mettre à côté de lui sur le pavois.

Théophile dissimula sa rancune.

Son poing continua de s'abattre sur les dos classiques; mais, dans l'intimité, ses plaintes étaient amères.

Lorsqu'il rédigea plus tard le feuilleton de *la Presse*, il ne loua plus qu'à contre cœur le grand poëte, pour la gloire duquel il avait assommé tant de monde.

— Enfin, lui disait-on, rien ne vous empêche d'exprimer nettement et catégoriquement votre opinion présente?

— Pardonnez-moi, répondait Théophile d'un air piteux, je suis lié par des promesses terribles. Tout enfant, l'on m'a fait venir dans un caveau, et là, j'ai juré sur un crâne humain de trouver tout sublime. Il faut que je tienne mon serment, sinon *quelqu'un* viendrait, avec des lunettes vertes et un nez de carton, me dénoncer à *la Presse*, dire que j'ai tué père et mère, et Girardin me chasserait [1].

En 1830, Théophile Gautier demeurait à la Place-Royale, pour être plus à portée de rendre à Victor Hugo ses humbles devoirs.

Ce fut là qu'il écrivit *Albertus*, petit poëme très-original et très-fantasque, plein de beaux vers, écrit sous l'influence d'un vrai souffle poétique, et qui peut dignement tenir sa place à côté des

[1] La tirade est textuelle.

œuvres les plus remarquables de M. Alfred de Musset.

Nous en donnerons une courte analyse, pour faire apprécier le talent de l'auteur.

La scène commence dans le galetas d'une sorcière.

La limace baveuse argente la muraille
Dont la pierre se gerce et dont l'enduit s'éraille.
Les lézards verts et gris se logent dans les trous,
Et l'on entend, le soir, sur une note haute,
Coasser tout auprès la grenouille qui saute
Et râler aigrement les crapauds à l'œil roux.
. . . .
En entrant là Satan, bien qu'il soit hérétique,
D'épouvante glacé, comme un bon catholique,
  Ferait le signe de la croix.

Minuit sonne. C'est l'heure des conjurations.

Notre sorcière, vieille, décrépite, horrible, se transforme subitement, grâce à la puissance de la magie, en une beauté merveilleuse.

Elle change son matou noir en un fort beau cavalier.

Ce matou fait homme lui offre galamment la main pour la conduire à un autre carrosse de Cendrillon, et les voilà partis au bal de la landgrave de Gotha.

Véronique, c'est le nom de la hideuse sorcière transformée en Vénus, obtient, grâce aux charmes menteurs que lui prête le diable, un succès inouï. Les cerveaux germaniques sont en ébullition ; des volcans d'amour s'allument autour de cette beauté dangereuse.

Tout sur elle vivait. — Les plis semblaient comprendre
Quand il fallait flotter et quand il fallait pendre ;

La soie intelligente arrêtait ses frissons
Ou les continuait gazouillant ses louanges ;
Une brise à propos faisait onder ses franges,
Ses plumes palpitaient ainsi que des oiseaux
Qui vont prendre l'essor et qui battent des ailes ;
Une invisible main soutenait ses dentelles
  Et se jouait dans leurs réseaux.

Or, Véronique dédaigne tous les hommages qui l'environnent.

Ce qu'elle veut, c'est un cœur à flétrir, une âme à perdre. Elle a juré de séduire Albertus, peintre sage et laborieux. L'indifférence de ce jeune homme l'exaspère. Il semble méconnaître le pouvoir de la prunelle ardente fixée sur lui.

Bientôt néanmoins Albertus cède à l'entraînement.

Le ciel, par un prodige, lui annonce en vain le péril où il va tomber ; la passion l'emporte et Véronique triomphe.

— Oh ! dit-il, mon cœur brûle à cette étrange flamme
Qui dans ton œil rayonne, et je vendrais mon âme
Pour t'avoir à moi seul tout entière et toujours.
Un seul mot de ta bouche à la vie éternelle
Me ferait renoncer. L'éternité vaut-elle
            Une minute de tes jours ?

— Est-ce bien vrai, cela ? reprit la Véronique,
Le sourire à la bouche et d'un air ironique,
Et répéteriez-vous ce que vous avez dit ?
— Que pour vous posséder je donnerais mon âme
Au diable, si le diable en voulait ; oui, madame,
Je l'ai dit. — Eh bien, donc, à jamais sois maudit !
Cria l'ange gardien d'Albertus. Je te laisse,
Car tu n'es plus à Dieu. — Le peintre en son ivresse
N'entendit pas la voix, et l'ange remonta.

Mais voici que de nouveau minuit sonne.

. . . . Le timbre, au bruit sourd de la grêle
Qui cinglait les carreaux, joignit son fausset grêle,
        Le hibou du donjon cria.

C'est l'heure d'une seconde et sinistre métamorphose.

. . . . O prodige à confondre
La plus haute raison! Albertus sentit fondre
Les appas de la belle et s'en aller les chairs.
Le prisme était brisé. Ce n'était plus la femme
Que tout Leyde adorait, mais une vieille infâme,
Sous d'épais sourcils gris roulant de gros yeux verts
. . . .
Quand il se vit si près de cette mort vivante,
Tout le sang d'Albertus se figea d'épouvanté.

Mais il ne peut plus fuir, il appartient à la sorcière et au démon. Véronique l'emmène au sabbat.

. . . . Ils vont, ils vont comme le vent de bise,
La terre sous leurs pieds file, rayée et grise;
Le ciel nuageux court sur leur tête au galop.
A l'horizon blafard d'étranges silhouettes
Passent. — Le moulin tourne et fait des pirouettes;
La lune en son plein luit rouge comme un fallot;
Le donjon curieux de tous ses yeux regarde,
L'arbre étend ses bras noirs; — la potence hagarde

Montre le poing et fuit emportant son pendu.
Le corbeau qui croasse et flaire la charogne
Fouette l'air lourdement, et de son aile cogne
    Le front du jeune homme éperdu.

On arrive. Satan préside la fête, et le sabbat commence. La scène est d'une magnifique et sublime horreur.

Pour ne rien voir, le ciel ferma ses yeux d'étoiles,
Et la lune, prenant deux nuages pour voiles,
Toute blanche de peur de l'horizon s'enfuit.

Or, au milieu des ébats impurs et des rondes échevelées de la troupe infernale, Albertus vient à prononcer étourdiment le nom de Dieu.

A peine eut-il lâché le saint nom que fantômes,
Sorcières et sorciers, monstres follets et gnômes,
Tout disparut en l'air comme un enchantement.
Il sentit plein d'effroi des griffes acérées,
Les dents qui se plongeaient dans ses chairs lacérées;
Il cria : mais son cri ne fut point entendu...

Et des contadini, le matin, près de Rome,
Sur la voie Appia trouvèrent un corps d'homme,
Les reins cassés, le cou tordu.

On voit que Théophile Gautier est un véritable poëte[1].

Malheureusement, comme Alfred de Musset, il abonde en scènes immorales, en tableaux lascifs. Il traîne l'ange de l'inspiration dans une ornière fangeuse et le mène au lupanar.

Il publia ses premières poésies dans le *Cabinet de lecture*, journal facile et hospitalier, qui prêtait ses colonnes à tous les jeunes talents de l'époque.

La France littéraire s'attacha bientôt Gautier comme rédacteur, et lui

[1] Ses autres vers ont été réunis plus tard dans le même volume qu'*Albertus*, avec *la Comédie de la Mort*.

commanda quelques *Études sur les poëtes du temps de Louis XIII*[1], dont la publication donna naissance à un procès bizarre et métamorphosa Théophile en critique.

Nous ouvrons ici la préface de *Made-*

---

[1] Sur Colletet, Scudéri, Saint-Amand, Scarron, etc. Ces articles de Gautier n'ont d'autre mérite que l'humour et la fantaisie de la forme ; jamais on n'a pu les considérer comme des études sérieuses. Il en fait le plus souvent des cadres à paradoxes, où l'on ne trouve aucune appréciation juste du goût de l'époque, aucun renseignement biographique utile à l'histoire littéraire. Le tout fut réuni par l'éditeur Delavigne, en deux volumes in-octavo, sous le titre des *Grotesques*, et le public n'acheta pas l'édition. Elle est descendue sur les quais, où l'on trouve encore aujourd'hui les exemplaires par douzaines. En conséquence, nous ne voyons pas trop pourquoi le plus intelligent et le plus habile de nos jeunes éditeurs, Michel Lévy, a cru devoir en publier une seconde édition. Il est vrai que, depuis, Gautier est devenu célèbre. L'étiquette fait passer le sac.

moiselle de Maupin et nous y trouvons ce curieux passage :

« Vous ne vous faites critique qu'après qu'il est bien constaté à vos propres yeux que vous ne pouvez être poëte. Avant de vous réduire au triste rôle de garder les manteaux et de noter les coups comme un garçon de billard ou un valet de jeu de paume, vous avez longtemps courtisé la Muse ; vous avez essayé de la dévirginer ; mais vous n'avez pas eu assez de vigueur pour cela. L'haleine vous a manqué, et vous êtes retombé pâle, eflanqué au pied de la sainte montagne. »

Nous conseillons à M. Gautier de biffer ces lignes maladroites dans les éditions nouvelles de son livre.

Quand on est devenu critique, exclusivement critique, on ne stimule pas ainsi la malveillance des commentaires.

Or, puisque nous avons parlé de *Mademoiselle de Maupin*, faisons au plus vite, et pour nous débarrasser d'un pénible devoir, le procès à cette œuvre sans nom, dont pourtant nous sommes obligé de reconnaître tout d'abord les prodiges de style.

L'auteur y donne à boire le poison dans une coupe de diamant.

Il se pose en athlète sur la route du vice et déploie l'étendard de la débauche la plus ignoble de toutes, celle qui n'a pas même d'excuse dans la nature.

En se faisant l'apôtre de funestes doctrines, M. Gautier traite les moralistes de *crétins* et de *goîtreux*.

Puis, les ayant honorés de ces gentillesses, il affirme nettement qu'il n'y a pas assez de péchés capitaux, que l'adultère lui paraît la chose la plus innocente du monde, que la correction de la forme est la vertu, et qu'il renoncerait volontiers à ses droits de Français pour voir Julia Grisi entrer au bain.

L'impiété se met de la partie.

Bientôt il déclare que le Christ n'est pas venu pour lui, et qu'il est aussi païen qu'Alcibiade.

« O vieux monde! tout ce que tu as révéré est donc méprisé; tes idoles sont renversées dans la poussière; de maigres anachorètes vêtus de lambeaux troués, des martyrs tout sanglants et les épaules lacérées par les tigres de tes cirques, se sont juchés sur les piédestaux de tes dieux si beaux et si charmants ! »

Plus loin il insulte la Vierge et se fait l'écho des ignobles plaisanteries de M. de Voltaire.

Certes, nous n'avons garde d'aller jusqu'au fond de l'œuvre et d'analyser ces pages déplorables.

M. Gautier a fait plus qu'un mauvais livre, il a commis une mauvaise action. Consacrer un talent réel, incontestable, un génie descriptif merveilleux, une prose colorée, saisissante, riche en images, pleine d'élégance et de verve à broder sur un canevas semblable, c'est un crime, à moins pourtant que ce ne soit une maladie.

Or, souvent le genre de maladie dont nous voulons parler consiste dans l'excès même de la santé physique.

Le corps démoralise l'âme ; la matière domine l'intelligence.

Pour ne pas convenir de sa défaite, celle-ci appelle à son secours le paradoxe, cherche à diviniser les instincts de la brute, et se fait un piédestal de la fange.

Gautier, ce gros garçon, nous a toujours paru trop bien portant. Là peut-être est son unique tort.

Mais, dans ce cas, on ne s'avise point d'écrire.

On quitte les pays chrétiens, on part pour Constantinople, on se rase la tête pour vivre à perpétuité dans un harem, et l'on se dispense ainsi de jeter au public ses rêves immondes, ses imaginations impures.

Accusez-nous de brutalité tant qu'il vous plaira. Ce n'est point ici qu'on peut faire de la critique à l'eau de rose.

Voilà le véritable livre à craindre; le livre dont chaque phrase est un sophisme et qui pose la débauche en reine au milieu des pompes littéraires les plus éclatantes. Qu'un jeune homme au sortir du collége, qu'une fille de quinze ans viennent à feuilleter une de ces pages, ils seront démoralisés jusqu'à la moelle des os.

Tous les romans de Paul de Kock, si bon vous semble ; *Mademoiselle de Maupin*, jamais!

Que devient un pauvre lecteur sans logique et sans force contre ses passions, lorsqu'il parcourt deux volumes obscènes écrits avec ce style enchanteur dont voici le spécimen le plus chaste?

« Ange ou démon, vierge ou courtisane, bergère ou princesse, toi que je ne connais pas et que j'aime, oh! ne te fais pas attendre plus longtemps, ou la flamme brûlera l'autel, et tu ne trouveras plus à la place de mon cœur qu'un monceau de cendre froide. Descends de la sphère où tu es ; quitte le ciel de cristal, esprit consolateur, et viens jeter sur mon âme l'ombre de tes grandes ailes.

« Portes d'or du palais qu'elle habite,
roulez sur vos gonds! humble loquet
de sa cabane, lève-toi! rameaux des
bois, ronces des chemins, décroisez-
vous! enchantements de la tourelle,
charmes des magiciens, soyez rompus!
ouvrez-vous, rangs de la foule, et la
laissez passer!

« Si tu viens trop tard, ô mon idéal,
je n'aurai plus la force de t'aimer.

« Mon âme est comme un colombier
plein de colombes. A toute heure du
jour il s'en envole quelque désir. Les
colombes reviennent au colombier; mais
les désirs ne reviennent point au cœur.

« L'azur du ciel blanchit sous leurs
innombrables essaims; ils s'en vont à
travers l'espace, de monde en monde,

de ciel en ciel, chercher quelque amour
pour s'y poser et y passer la nuit : presse
le pas, ô mon rêve ! ou tu ne trouveras
plus dans le nid vide que les coquilles
des oiseaux envolés [1]. »

Peut-être est-ce un tort de nous livrer
à de pareilles citations.

Elles sont capables de faire naître
chez ceux qui ne connaissent point l'ouvrage l'idée de le parcourir d'un bout à
l'autre; mais en flagellant l'auteur, en le
condamnant sans pitié pour le fond,
n'est-il pas juste de parler du mérite incontestable de la forme ?

Nous l'avons dit, la coupe est de diamant, les bords en sont couverts de sucre

[1] *Mademoiselle de Maupin*, — édition Charpentier,
pages 60 et 61.

et de miel; mais le poison vient ensuite.

On est prévenu. Tant pis pour ceux qui voudront boire!

Avant *Mademoiselle de Maupin*, Théophile Gautier avait écrit pour le libraire Renduel, le livre intitulé *Les Jeune-France*.

C'était peu de temps après la publication de ses premières poésies; sa rancune durait encore.

Il se mit à écorner quelque peu sa propre idole, plaisantant d'une façon très-piquante sur le dogme littéraire dont il s'était fait l'apôtre, riant des collégiens écervelés qui traduisaient mot pour mot chaque page du romantisme, et le faisaient vivre, en quelque sorte, dans leurs mœurs, dans leur langage, dans leurs costumes.

Le tour de force était périlleux. Gautier l'exécuta très-adroitement et avec beaucoup de bonheur.

Toute cette jeunesse enthousiaste qui prenait alors aux luttes d'école une part si active, qui applaudissait à la hardiesse des novateurs et mettait ses passions ardentes au service de cinq ou six vieux maîtres de vingt ans; tous ceux qu'on nommait les hugolâtres, tous les Amadis, tous les don Quichotte de la chevalerie littéraire, au lieu de se fâcher, se mirent à rire, en se voyant si curieusement dépeints.

Gautier eut un succès égal à celui de Henri Heine.

Ce dernier venait de publier, sur un sujet analogue, ces fameux articles que chacun a lus, et dont la verve et l'originalité semblaient inimitables.

On se plut à reconnaître que l'intelligence de l'auteur d'*Albertus* se prêtait à toutes les formes de l'art et qu'il pouvait au besoin transporter dans ses livres l'excentricité d'esprit dont il donnait depuis longtemps la preuve dans les conversations intimes.

A cette époque, c'est-à-dire de 1833 à 1834, Théophile Gautier comptait au nombre des rédacteurs les plus spirituels du *Figaro*.

Sa liaison de plume avec Gérard de Nerval commençait.

Tous deux venaient de se réunir à la

petite colonie bohème, que nous avons
déjà dépeinte. Ils habitaient le fameux
logement de l'impasse du Doyenné avec
Édouard Ourliac, Arsène Houssaye, Camille Rogier, Marilhat, Camille Roque-
plan et Célestin Nanteuil [1].

Gérard et Théophile ont renouvelé
en littérature l'histoire des frères sia-
mois.

Leurs articles ne faisaient qu'un ; leurs
ouvrages avaient le même souffle et res-
piraient par le même poumon.

Dans la première édition des *Jeune-
France*, il y a une charmante nouvelle
de Gérard, dont *le Cabinet de lecture*
avait eu la primeur sous ce titre : *la*

[1] Voir la biographie de Gérard de Nerval.

Main de gloire[1]. Ils quittèrent ensemble *la France littéraire* pour emporter d'assaut la *Revue de Paris*; ensemble ils firent à *l'Artiste* leur entrée triomphale; ils rédigeaient ensemble le feuilleton de théâtre de *la Charte de 1830*; et *la Presse*, en 1836, les vit, du même bond, escalader ses colonnes.

Dans le journal créé par M. de Girardin, les comptes-rendus de théâtre avaient été confiés d'abord à Frédéric Soulié, puis à Alexandre Dumas, qui n'avaient pris ni l'un ni l'autre ce travail au sérieux.

On appela Gérard.

Mais il ne voulut pas accepter les hon-

---

[1] Nous puisons ce renseignement dans la *Galerie de la Presse* (article Théophile Gautier).

neurs de cette rédaction sans y faire participer son frère Gautier.

Ils se décidèrent à cumuler les deux feuilletons, celui de *la Charte* et celui de *la Presse.* On devait les rédiger en commun et les signer G. G. Cet arrangement ne fut pas du goût de M. de Girardin ; il demanda formellement une signature en toutes lettres, et l'auteur de *Sylvie*, toujours prêt à s'effacer, dit à Théophile :

— Signe ! Moi, je n'y tiens pas.

Néanmoins il continua de faire la meilleure part du feuilleton.

La paresse de Gautier, quand il s'agit de rendre compte des œuvres dramatiques, est très-connue. Toujours il a eu besoin d'un collaborateur pour remplir sa tâche théâtrale. Il ne peut pas tenir en place pendant les représentations. On le voit flâner dans les corridors, au foyer, dans la rue, et jamais il ne sait le premier mot de la pièce dont il doit rendre compte. Il s'en rapporte à ses aides, qui parfois le compromettent gravement aux yeux de *la Presse.*

Ainsi M. Reyer, jeune musicastre, chargé de la partie lyrique des feuilletons de Gautier, s'avisa de maltraiter un jour un opéra de M. Maillard, frère du sociétaire du Théâtre-Français.

Cet opéra s'appelait *la Croix de Marie.* Or, en ce moment-là même, le frère du compositeur répétait un rôle dans *Lady Tartufe.* Mme de Girardin tança Gautier, qui répara la maladresse de son collaborateur, et fit l'amende honorable la plus complète.

Un autre jour, notre étourneau de musicastre abîma un ténor qui débutait sous la protection de mademoiselle Ozy.

Il faut dire que Gautier professe une grande admiration pour mademoiselle Ozy, qu'il considère comme le type le plus pur de la beauté grecque, sauf le nez.

Une seconde amende honorable eut lieu.

Si quelquefois il consent à voir un acte, c'est lorsqu'il accompagne au théâtre mademoiselle Ozy ou mademoiselle Ernesta Grisi, la cantatrice des Italiens. Cette dernière est sa protégée quand même, notes justes ou notes fausses. Le jour où elle cesse d'être engagée aux

Bouffes, *la Presse* devient subitement
très-indifférente pour ce théâtre, et ne
s'en occupe plus.

Après Gérard, Théophile eut pour aide
feuilletoniste ce malheureux Noël Parfait, qu'un destin fatal contraignit à
jouer partout, même en politique, le rôle
de doublure.

Gautier rétribuait fort mal Noël, qui
travaillait pourtant comme un nègre,
c'est-à-dire comme un nègre qui travaille, puisque nous avons dit plus haut
qu'Alexandre Dumas mécontentait Girardin par sa paresse.

Lorsque Noël demandait à Gautier la
rémunération de sa besogne, celui-ci ne
manquait pas de lui répondre :

— Ouvre le tiroir, prends tout ce qu'il y a!

Jamais dans le tiroir il n'y eut plus de dix francs, et Noël n'osait guère hasarder ce genre de réclamation plus d'une fois la semaine[1].

Allégé d'une tâche ingrate, qui toutefois engraissait son budget, Gautier consacra ses loisirs à la composition du roman de *Fortunio*, où il continua de prêcher l'évangile de la forme et les maximes païennes.

[1] Théophile Gautier avait alors avec *la Presse* un traité magnifique : *douze mille francs* par an, pour soixante feuilletons, soit de critique de théâtre, soit de comptes-rendus de l'exposition de peinture. Il pouvait, en outre, y placer au même prix un certain nombre de feuilletons-romans. Depuis, ces conditions ont été modifiées. *La Presse*, dans un moment difficile, en 1848, jugea convenable de réduire le prix de la rédaction, et Gautier ne fut plus payé qu'à raison de *quinze centimes* la ligne. Lorsque les temps devinrent meilleurs, M. de Girardin déclara que le prix resterait le même.

Ce second roman est la déification des instincts matériels, de la volupté, de la richesse et du caprice.

Fortunio, fils sauvage de l'Orient, vient implanter les mœurs du sérail au milieu même de Paris. Grâce à la puissance de l'or, ce Nabab, orné de vingt millions de revenus, se permet, à deux pas de la lanterne du commissaire de police, des fantaisies que la cour d'assises ne tolère pas ordinairement chez nous. Il brûle l'hôtel de sa maîtresse, un soir, en guise de passe-temps, et coupe la tête à des esclaves pour se divertir.

Mépris du cœur et du sentiment, soufflet réitéré de page en page sur les deux joués de la morale, voilà toute l'analyse du livre[1].

Comme son héros, Théophile est un Turc égaré dans la civilisation moderne, et le ciel chrétien ne lui sourit pas, sans quoi nous lui donnerions très-sérieusement le conseil de se mettre au plus vite, de cabinet de lecture en cabinet de lecture, à la recherche de ses deux méchants livres, d'en racheter à tout prix les exemplaires, et de les brûler sans

---

[1] Après *Fortunio*, Gautier publia *Une Larme du Diable* et *Tra los Montes*, livre admirable comme couleur descriptive, mais très-pauvre en observations de mœurs. Un bas-bleu émérite disait, après avoir parcouru ces deux volumes : « Je viens de lire *Tra los Montes*. C'est véritablement un voyage en Espagne ; mais il paraît qu'il n'y avait pas d'Espagnols quand M. Théophile Gautier y est allé. »

miséricorde pour ne pas compromettre son salut.

Mais il se gardera bien de suivre cet avis.

Gautier ne comprend même pas qu'on puisse lui jeter un blâme. Il est immoral avec une candeur effrayante.

« Qui vous a mordu? s'écrie-t-il, qui vous a piqué? Que diable avez-vous donc pour crier si haut, et que vous a fait ce pauvre vice pour lui en tant vouloir, lui qui est si bonhomme, si facile à vivre, et qui ne demande qu'à s'amuser lui-même et à ne pas ennuyer les autres, si faire se peut? Agissez avec le vice comme Serre avec le gendarme : embrassez-vous et que tout cela finisse! Croyez-moi, vous vous en trouverez bien.

Eh mon Dieu, messieurs les prédicateurs, que feriez-vous sans le vice? Vous seriez réduits, dès demain, à la mendicité, si l'on vous écoutait aujourd'hui. »

Quand on parle à l'auteur de *Fortunio* de la vertu, des mœurs, de la décence, et de la nécessité de respecter tout cela, ne fût-ce qu'au point de vue social, il vous considère avec stupeur et tombe du plus haut des nues.

Il prend son libraire Michel Lévy pour un fou, lorsque ce dernier lui demande quelques lignes d'éloges dans *la Presse* ou dans *le Moniteur* pour les œuvres des écrivains réputés moraux.

— Eh! s'écrie Gautier, va-t-on longtemps me tourmenter ainsi? faudra-t-il entendre parler nuit et jour de la littérature *Souvestre?* Ces animaux-là font des livres pour prouver qu'on ne doit pas se mettre les doigts dans le nez. Qu'on leur inflige le prix Montyon, ce sera bien fait!

Voilà l'homme avec toute sa bonhomie dans le vice et toute sa naïveté dans la dépravation.

Jamais l'auteur de *Mademoiselle de Maupin* n'a compris *Picciola*, *Magdeleine*, *le Philosophe sous les toits* et le *Conscrit*, parce que ces ouvrages s'adressent au cœur et se trouvent, par le fait même, en dehors de sa compétence.

Gautier, sans être ni haineux ni jaloux de personne, est néanmoins d'un naturel très-caustique et se fait craindre par sa langue.

Il fut un temps [1] où les écrivains de *l'Artiste* et de la *Revue de Paris* se réunissaient tous les jours, de quatre à six heures du soir, dans une sorte de comité de rédaction, tantôt rue de Seine-Saint-Germain, 39, à *l'Artiste*, tantôt quai Malaquais, 18, à la *Revue*.

Au milieu de ce cercle d'hommes d'esprit, tous connus du public et fort estimés pour la plupart, Théophile avait soufflé la rage de mal parler du prochain.

C'était un véritable coupe-gorge de médisance.

On s'évertuait sur le chapitre des absents, on exagérait leurs défauts, on niait leur esprit, on les aplatissait sous

[1] De 1836 à 1843.

le ridicule, et presque toujours, quand la porte venait à s'ouvrir, il fallait changer brusquement de conversation, car la victime entrait.

Une fois là, personne n'osait plus sortir.

Les habiles arrivaient de très-bonne heure.

Auguste Maquet n'oublia jamais une séance. Il devançait régulièrement ses confrères de vingt minutes, pour le moins, par excès de précaution.

Paul de Musset, moins exact à l'heure, crut entendre fort souvent, dès le péristyle, son nom voler sur des éclats de rire.

Karr et Gautier ne hâtaient jamais leur marche, certains de rendre au centuple et coups de griffes et coups de langue.

Les trois plus paresseux, c'est-à-dire Arsène Houssaye, Ourliac et Sandeau, furent naturellement les plus maltraités.

Pour obtenir quelque respect dans cette réunion, il fallait compter beaucoup plus sur ses jambes que sur son mérite.

Nous ignorons si Théophile se fatigua d'entendre crier à l'immoralité au sujet de ses œuvres; ou si la paresse inhérente à sa nature détruisit en lui le goût du travail; mais il se livra, dès son entrée à *la Presse*, au *far niente* le plus absolu.

Dans l'espace de dix années, il fit une multitude de voyages en Italie, en Espagne, à Constantinople surtout.

O Constantinople! il était là dans sa

sphère, il nageait en plein dans son élément !

Le Français n'existait plus, et le Turc avait la bride sur le cou.

Vêtu de pied en cap à la mahométane, Gautier-Pacha s'entourait d'almées et de Circassiennes. Allons, esclaves ; mon chibouck ! Apportez l'opium, brûlez le sandal et l'aloès, dansez vos danses les plus folles, enivrez-moi de parfums et d'amour......

Gros épicurien !

Six semaines ou deux mois se passaient ainsi dans les délices, et Théophile songeait sérieusement à se faire circoncire ; mais *la Presse* avait un moyen sûr de le ramener à Paris.

Elle ne lui envoyait plus aucune espèce de traites.

Une fois le gousset vide, Gautier-Pacha reprenait l'ignoble paletot-sac, les bottes et le chapeau rond, puis se jetait sur le premier navire en partance pour Marseille.

Au retour de l'un de ces voyages, il rapporta quelque chose de son costume oriental, et se promena sur les boulevards, habillé moitié en Parisien, moitié en fils du prophète.

Il était superbe!

Nous ne savons quelle Dalila maladroite ou perfide s'avisa de couper, un beau jour, les longs cheveux de Théophile; mais ils n'ont plus repoussé depuis.

Beaucoup de personnes assurent que c'est là une des causes de sa décadence littéraire.

Dans le *steeple-chase* aux quatre coureurs, qui eut lieu devant tous les abonnés de *la Presse*, le cheval de Gautier manqua de souffle et fut longuement distancé par les montures plus fringantes de Méry, de Jules Sandeau et de madame de Girardin.

L'héroïque et charmante amazone arriva la première, si nous avons bon souvenir, après avoir franchi halliers, fossés et barricades.

Théophile eut moins de succès encore dans la publication de son livre *Jean et Jeannette* et dans celle des *Roués innocents*.

Son *Voyage en Italie*, à part une remarquable description de Venise, reste infiniment au-dessous des belles choses qui ont été écrites sur cette terre aimée du ciel par le président de Brosses, Stendhal et Paul de Musset.

Plus heureux en imprimant *Constantinople*, il a presque égalé Lamartine et Gérard de Nerval dans leurs magnifiques peintures de l'Orient. Mais ce livre, comme tous ceux qu'il a consacrés au récit de ses voyages, pèche d'un bout à l'autre par l'absence d'observations de mœurs et de jugements sur les hommes [1].

[1] Outre les ouvrages que nous citons, Gautier a publié un volume de nouvelles dont les plus remarquables sont *Militona* et *le Roi Candaule*. On a fait aussi un livre de son *Salon de* 1847.

Grec et païen, Théophile ne voit que les contours et les couleurs ; ne lui demandez rien de plus.

C'est là sans doute le motif qui l'engage à s'occuper exclusivement aujourd'hui de la critique de tableaux. Il y trouve pour son génie descriptif un aliment qui se renouvelle chaque année et suffit à sa gloire.

Du reste, ses prétentions technologiques sont énormes.

Non-seulement il fait grand étalage de sa science, mais encore il transforme les colonnes de *la Presse* en un véritable atelier de néologisme.

Sans compter les mots qu'il forge, il aligne dans ses feuilletons une troupe bizarre de vocables inusités, qu'il s'applique chaque jour à découvrir.

De tout temps, les dictionnaires ont été et sont encore la lecture favorite de Gautier.

Il en a cinquante sur le premier rayon de sa bibliothèque, à portée de sa main : dictionnaires techniques, dictionnaires de sciences, dictionnaires des différents arts et des métiers manuels, dictionnaire du peintre, du sculpteur, du charpentier, du vitrier, du maçon, de l'ébéniste, et même... ah! c'est difficile à dire! le dictionnaire du... Notre plume s'arrête. Ma foi, devinez si bon vous semble!

Gautier prétend qu'il a besoin de celui-là pour rendre compte des pièces de M. Clairville.

Toutes les fois que notre chasseur
de mots en découvre un, qu'il n'a point
encore employé et qui porte le cachet
de bizarrerie voulu, il le prend en note,
afin de l'encadrer dans *la Presse* au premier jour[1]. C'est là qu'il place ses expressions à effet, absolument comme
M. Scribe place dans ses vaudevilles les
traits d'esprit qui ont vingt-cinq ans de
bouteille.

Cependant il serait injuste d'appliquer

---

[1] Ayant vu dans un dictionnaire de blason que le pelage de l'écureuil qui figure dans les armoiries s'appelle *vair*, il s'écria tout joyeux : « Parbleu ! c'est évidemment de cette fourrure qu'était faite la pantoufle de Cendrillon ! » Et, le lendemain, parut une immense tartine, au sujet de cette pantoufle, où Gautier se moquait de la sottise et de l'ignorance de ceux qui jusqu'à ce jour ont cru qu'elle était de *verre*.

à Théophile ce passage des *Femmes savantes* :

> Et Malherbe et Balzac, si savants en bons mots,
> En cuisine peut-être auraient été des sots.

Notre héros possède également les dictionnaires de cuisine de tous les siècles et de tous les pays; nous pouvons certifier qu'en fait de science culinaire, il joint au sentiment plastique le sentiment du fond.

Le rédacteur en chef de *la Presse* conserve dans son journal ce critique fantasque, et lui pardonne ses écarts de néologisme, parce que Théophile se montre fort dévoué à la rue de Chaillot.

C'est lui qui entretient les bonnes relations avec les théâtres.

Il relit les pièces de Madame, donne çà et là quelques conseils et suit les répétitions d'un air ennuyé, mais avec exactitude.

Gautier, pour son propre compte, n'a pas eu de bonheur au théâtre. Il a commis plusieurs vaudevilles, entre autres le *Tricorne enchanté*, méchante parodie en vers burlesques, sans aucune verve comique ; le *Voyage en Espagne* (collaborateur M. Siraudin), et *Ne touchez pas à la Reine* (collaborateur M. Bernard Lopez).

Rien de tout cela n'a réussi.

Après 1848, en l'absence de la censure, il fit jouer aux Variétés (on affirme que MM. Léon Gozlan et Laurent Jan étaient ses complices) *la Goutte de lait*, qui souleva pendant trois jours un véritable orage de sifflets. L'œuvre était d'une obscénité notoire, et le public prouva qu'il savait faire lui-même l'office de censeur.

Théophile n'a pas été plus heureux dans le drame.

Il composa pour l'Ambigu-Comique avec Noël Parfait *la Juive de Constantine*, qui eut une fort belle chute.

Cependant il faut lui rendre justice, au sujet des trois ballets ravissants de *Giselle*, de *la Péri* et de *Gemma*, seules victoires qu'il ait remportées à la scène.

Pour nombre de personnes il est de toute évidence que l'auteur d'*Albertus* est devenu critique par paresse.

Il s'est mêlé à fort peu d'entreprises littéraires.

Ayant voulu, un jour, ressusciter la *Revue de Paris* avec MM. Cormenin fils, Maxime Ducamp et Arsène Houssaye, il se vit tracasser cruellement par M. Buloz, qui envoya des huissiers à ses trousses pour lui réclamer nous ne savons combien de milliers de francs.

M. Mirès, le millionnaire, aime beaucoup les gens de lettres ; il se conduit avec eux en véritable Mécène.

Étant à Marseille, et lisant sur la *Gazette des Tribunaux* le compte rendu du procès intenté à l'auteur de *Fortunio*, il écrivit sur l'heure à son caissier de Paris :

« Payez Buloz bien vite, et tirez-moi Gautier de ses griffes. »

THÉOPHILE GAUTIER.

L'ordre fut exécuté sans retard.

Théophile Gautier fait bon marché de sa qualité de poëte et de son mérite littéraire. Ses prétentions comme peintre, comme dessinateur, comme graveur à l'eau-forte absorbent tout son amour-propre ; il ne lui en reste plus pour ses livres.

Beaucoup d'écrivains et d'artistes lui ressemblent sous ce rapport.

Chaque jour on en voit qui font consister leur principal mérite dans un talent que le public ne leur connaît pas.

Au moment où Arsène Houssaye acheta *l'Artiste*, il rendit visite à Victor Hugo et à Gavarni, les priant de vouloir bien appuyer le nouveau journal de leur puissant concours.

On promit avec beaucoup de grâce de lui venir en aide.

Huit jours après, il reçut de Victor Hugo un paysage, et de Gavarni une pièce de vers.

Le cabinet de travail de Théophile est une sorte de musée, où se trouvent réunis mille objets curieux apportés des quatre coins du globe. Il y a chez lui encombrement de tableaux, d'esquisses, de statuettes. Delacroix, Préault, Decamp, Chenevard ont apporté là des chefs-d'œuvre, qui ressortent d'autant mieux par un effet de contraste, que le poëte leur donne pour voisins ses propres tableaux.

Assis les jambes croisées, à l'orientale, sur un grand fauteuil fabriqué tout exprès en l'honneur de ses mœurs turques, Gautier trône dans ce pandémonium, où douze chats, ses favoris, ont leurs franches allures et se livrent à un éternel *ron-ron*, qui sur les genoux du maître, qui le long des tapis, qui sur les divans ou dans les moelleuses bergères.

Paul de Kock aime la race féline.

Mais chez Théophile Gautier cet amour dégénère en adoration. Comme les Égyptiens, il finira par dresser aux chats des autels.

Après avoir quitté la bohème de la rue du Doyenné, notre héros habita longtemps une fort belle maison de la rue de Navarin, n° 14, où restaient en même temps que lui Amédée Achard, Louis Desnoyers et Laurent Jan.

C'est une sorte de villa, précédée d'un
jardin superbe, aux vastes pelouses.

Nos hommes de lettres, pendant les
beaux jours, se roulaient sur cette ver-
dure, en pantalon à pied et en veste
grise, émerveillant le voisinage par leurs
poses excentriques et demandant des
inspirations à la fumée de leurs cigares.

Gautier vint demeurer ensuite aux en-
virons de la rue de Chaillot, pour se rap-
procher du patron. Ceci eut lieu vers
l'époque où *la Presse* payait rubis sur
l'ongle.

Théophile connut un instant l'opu-
lence; il acheta voiture et mena grand
train.

Nous l'avons tous vu, dans son équi-
page attelé de deux poneys microsco-

piques, traverser orgueilleusement la grande avenue des Champs-Élysées. C'était vraiment un spectacle miraculeux que celui de ce gros feuilletoniste dans le carrosse de Tom-Pouce.

M. de Girardin réduisit bientôt ses prix, hélas! et força notre homme à marcher à pied comme le premier littérateur venu.

Théophile Gautier, de ses mœurs opulentes, ne conserve aujourd'hui qu'une assez mauvaise habitude, celle de ne saluer personne.

Il prétend qu'il est myope, c'est une excuse.

Mais, le jour où l'on représente ses ballets ou ses pièces, il devient presbyte et salue de fort loin tout le monde.

Quelqu'un dit un jour à Saint-Victor [1], qui entrait au bureau de rédaction du *Pays*, le front couvert et les mains dans ses poches.

— Est-ce que vous avez le chapeau de Gautier sur la tête?

Le mot fut trouvé charmant. Il passe en proverbe.

Nous arrivons à la fin de cette biographie, et nous regrettons que M. Jules Janin nous ait dérobé vingt pages, car nous aurions voulu parler plus longuement du mérite de Théophile Gautier comme poëte.

Un recueil complet de ses vers a été publié en 1845 [2].

[1] L'un de nos critiques de théâtre les plus estimés.
[2] Nous ne comptons pas *Émaux et Camées*, petit

Outre *Albertus*, dont nous avons donné l'analyse ; outre *la Comédie de la Mort*, large et sublime page de poésie sombre et fantastique, on trouve dans ce recueil une multitude de pièces fugitives, dont chaque strophe est un écrin, dont chaque hémistiche est une perle.

Ce poëte si profane, ce partisan déclaré de la forme et du contour, cet ogre-rimeur qui n'aime que la chair fraîche, oublie parfois ses instincts matériels et cède aux élans de l'inspiration religieuse.

Dans sa pièce intitulée *Magdalena*, tout son paganisme rentre sous terre.

volume de poésie, paru en 1852, et qui n'offre de remarquable qu'un chant sur le *Carnaval de Venise* et un autre sur *l'Obélisque*.

Il donne à quelques-unes de ces poésies le nom de *paysages*, et nous y trouvons de frais et gracieux détails, de naïves et ravissantes peintures.

Son *Chant du Grillon* est un petit chef-d'œuvre :

> Regardez les branches,
> Comme elles sont blanches!
> Il neige des fleurs.
> Riant dans la pluie,
> Le soleil essuie
> Les saules en pleurs,
> Et le ciel reflète
> Dans la violette
> Ses pures couleurs.

La mouche ouvre l'aile,
Et la demoiselle
Aux prunelles d'or,
Au corset de guêpe,
Dépliant son crêpe
A repris l'essor.
L'eau gaîment babille,
Le goujon frétille :
Un printemps encor !

—

Moi seul je suis triste.
Qui sait si j'existe,
Dans mon palais noir ?
Sous la cheminée,
Ma vie enchaînée
Coule sans espoir.
Je ne puis, malade,
Chanter ma ballade
Aux hôtes du soir.

—

Dans ma niche creuse,
Ma patte boiteuse
Me tient en prison.
Quand l'insecte rôde,
Comme une émeraude,
Sous le vert gazon,
Moi seul je m'ennuie,
Un mur noir de suie
Est mon horizon.

Comme Alfred de Musset, Théophile Gautier est un de ces poëtes qu'une époque fatale a déshérités de croyances. Perdus dans les ténèbres du doute, et l'éducation première ne leur ayant pas montré le rayon qui vient du ciel, ils se sont embourbés dans la fange terrestre.

Parfois, néanmoins, une éclaircie lumineuse a lieu dans leur nuage.

On voit fuir le démon du matérialisme, et l'ange montre un pan de sa robe d'azur.

FIN.

Ne sois pas étonné si la foule, ô poète,
dédaigne de gravir ton œuvre jusqu'au faîte;
La foule est comme l'eau qui fuit les hauts sommets:
où le niveau n'est pas, elle ne vient jamais.
Donc, sans prendre à lui plaire une peine perdue,
ne fais pas d'escalier à ta pensée ardue:
une rampe aux boiteux ne rend pas le pied sûr.
Que le pic solitaire escalade l'azur,
l'aigle saura l'atteindre avec un seul coup d'aile;
et posera son pied sur la neige éternelle,
la neige immaculée, au pur reflet d'argent,
pour que Dieu, dans son œuvre allant et voyageant,
comprenne que toujours on fréquente les cimes.
et qu'on monte au sommet des poèmes sublimes.

Théophile Gautier

www.ingramcontent.com/pod-product-compliance
Lightning Source LLC
LaVergne TN
LVHW052104090426
835512LV00035B/972